도서출판 선영사
Sun Young Publishing Co.

선영사

Sun Young Publishing Co.

디오니소스 송가

니체 시집

●●● 차례

●●●

제 1부

디오니소스 송가

니체 시집

디오니소스 송가의 단장

내가 잠든 것을 화내지 말라.
나는 피곤하였을 뿐, 죽지는 않았다.
내 목소리가 고약했지만
그것은 코고는 소리, 푸푸 하는 숨결 소리,
피곤한 사람의 노랫소리.
죽음의 환영도 아닌 것,
무덤의 유혹도 아닌 것.

비바람 머금은 구름은 사납지만 아직 빛나며
고요히 그리고 육중하게
차라투스트라의 풍요인 태양이
이미 들판 위에 걸려 있다.

높은 곳이 버릇이 되어
나는 높은 곳을 바라지 않네.
나는 눈을 치켜들지도 않는다네.
나는 굽어보는 사람,
축복을 내리는 사람.
축복하는 사람은 내려다본다네……
그런 야심을 펴기에
이 땅은 너무 좁지 않을까.

모든 것을 나는 주어 버렸다.
내가 가진 모든 것을.
나에게는 아무것도 남지 않았다,
그대, 위대한 희망 외에는!

무슨 일이냐. 바다가 함몰하는가.
아니, 나의 육지가 솟아난다!
새로운 불길이 땅을 밀어 올린다!

내 피안의 행복!
오늘 내 행복이
그림자를 빛 속에 던진다.

이 밝은 심연!
일찍이 별이라 불리던 것도
한 점 얼룩에 지나지 않네.

그대들, 굳어서 꼼짝도 못하는 현자들이여,
만상은 유희, 나에게 있어서는.

......

스핑크스

여기 너는 버티고 앉았네, 잔인할 정도로,
마치 나를 너에게 이끌고 온
내 호기심처럼.
자, 스핑크스여,
나도 너처럼 묻는 사람일세.
이 심연은 우리 둘의 것이다 ──
우리가 한 입으로 말할 수 있다면 얼마나 좋으랴!

나는 맹세를 서약받는 사람.
이것을 나에게 맹세하라!

사랑을 찾는데 ── 언제나 가면이라,
저주받은 가면들을 가려내어 부수뜨려라!

내가 사랑하는 것이 너희들인가……
그렇게 기수는 자기 말을 사랑한다.
말은 기수를 그의 목표로 데려다 준다.

그의 동정(同情)은 준엄할 정도,
그 사랑의 중압이 눌러 으깬다.

그런 거인과 손잡지 말라!

그대들은 내가 두려운가.
팽팽한 활시위가 두려운가.
오호라, 누군가 그 위에 화살을 메길 수도 있으련만!

"그대는 새로운 밤으로 그대를 감쌌다. 새로운 황야를
그대 사자의 발이 꾸며냈다."

나는 오직 말을 만드는 사람.
말이 전부다!
내가 전부다!

아, 친구들이여.
우리가 "좋다"라고 말하는 것이 어디로 갔는가.
모든 "선"은 어디로 갔는가.
이 온갖 거짓의 순진은 어디로 갔단 말인가.
……
나는, 좋지 않은 것은 없다고 말한다,
잎사귀와 풀·행복·축복, 그리고 비까지도.

그의 죄와 커다란 어리석음 때문이 아니라,

그의 완전함에 나는 괴로워했다.
내가 인간 때문에 가장 괴로워했을 때는.

"인간은 몹쓸 것"이라고
현자 중의 현자들은 말했지만
그 말이 나에게는 위안이 된다.

부자의 가난에 대하여

십 년이 지났다——
한 방울의 물방울도
습한 바람도, 사랑의 이슬도 간 곳이 없었다.
—— 불모의 땅……
이제 나의 지혜에게 간청한다.
이 메마름 속에서 탐욕스러워지지 말기를.
스스로 넘쳐흘러 이슬을 내리게 하라.
누렇게 병든 황야에 비가 되어라!

예전에 나는 구름에게
나의 산들로부터 떠나라 했다——
예전에 나는 말했다, "어둠이여, 더 많은 빛을!"이라고.
오늘 나는 구름이 몰려오도록 달랜다.
"그대 젖가슴으로 내 주위를 어둡게 하라"고.
—— 그대들의 젖을 짜리라,
그대들, 하늘의 젖소여!
젖과 같이 따뜻한 지혜와, 사랑의 달콤한 이슬을,
나는 이 땅 위에 흘린다.

가거라, 멀리 가거라, 그대들
음산한 시선을 던지는 진리여!
나의 산 위에서

나는 참을성 없는 진리들을 보고 싶지 않다.
미소로, 황금빛으로 물들어
오늘 진리는 내 가까이에 있다.
태양에 감미로워지고 사랑에 갈색으로 물든
잘 익은 진리만을 나는 나무에서 딴다.

오늘 나는 우연이라는 곱슬머리에
손을 내민다.
우연을 이끌고 달랠 만큼
충분히 현명해져서.
오늘은 반갑지 않은 것도
친절하게 대할 것이다.
운명에 대해서도 가시를 세우지 않겠다.
── 차라투스트라는 고슴도치가 아니다.

나의 영혼은
지치지도 않은 채 그 혓바닥으로
온갖 선악을 미리 맛보고
온갖 깊은 곳으로 가라앉았다.
그러나 언제나 코르크처럼
다시 떠올라 와서
기름인 양 갈색의 바다 위에 둥실거린다.

이 영혼 때문에 나는 행복한 사람이라고 불린다.

내 어버이는 누구실까?
내 아버님은 과잉의 왕자님이시고
어머니는 고요한 웃음이 아니실까?
이 두 분의 결혼이
수수께끼의 짐승인 나를,
빛의 괴물인 나를,
온갖 지혜의 낭비자인 나, 차라투스트라를 낳은 것이
아닐까?

오늘은 애정에 병들어
따뜻한 봄바람이 되어
차라투스트라는 그의 산 위에서 기다림에 지쳐 앉아 있
다——
자신의 체액이
달콤해지고 무르익어
그의 산봉우리 아래
그의 얼음 아래
지쳐 있지만 행복하게
천지 창조 이레째의 조물주처럼 앉아 있다.

── 조용하라!
하나의 진리가 구름처럼
내 머리 위로 흘러가고 ──
보이지 않는 번개가 되어 나를 친다.
넓고 여유 있는 계단 위를,
그 진리의 행복이 나를 향해 오른다.
오라, 오라, 사랑하는 진리여!

── 조용하라!
이것이 나의 진리이다!──
망설이는 눈에서
비로드 같은 몸서리로
그 시선이 나를 맞힌다.
귀엽고 심술 사납고 소녀 같은 눈초리가.
그것은 내 행복의 근원을 알아맞히고
나를 헤아리고 ── 아, 무슨 생각을 할까?
한 마리 용이 심홍색으로
몰래 숨어서 그 소녀의 시선의 밑바닥에 잠복해 있다.

──조용하라! 내 진리가 입을 연다!
가련하여라, 차라투스트라여!
그대는 마치

황금을 들어 삼킨 어떤 자와 같다.
아마 배를 가르게 될 것이다……!

그대는 너무나도 부유하다.
많은 사람들을 파멸시킨 그대!
너무 많은 사람들을 질투하게 하고,
너무 많은 사람들을 가난하게 만든다……
그대의 빛은 나에게도 그림자를 던진다——
한기가 돈다, 가거라, 그대 부자여!
가거라 차라투스트라여! 그대의 태양에서 떠나라……!

그대는 그대의 과잉을 모두 주어 버리고 싶지만,
그러나 그대 자신은 가장 과잉되게 부유한 자이다!
현명하라, 그대 부자여!
먼저 그대 자신을 주어라, 오, 차라투스트라여!

십 년이 지났다——
한 방울의 물도
습한 바람도, 사랑의 이슬도 없더란 말이냐?
그러나 누가 그대를 사랑하겠는가?
그대 과잉되게 부유한 자여?
그대의 행복은 주위를 메마르게 하고

사랑은 가난하게 만든다.
── 불모의 땅……

이제 아무도 그대에게 감사해하지 않는데
그대는 그대가 베푸는
모든 이에게 감사를 드린다.
그로 인하여 나는 그대를 알아본다.
그대 과잉되게 부유한 자여!
모든 부유한 가운데 가장 가난한 그대여!
그대는 자신을 제물로 바치고 그대의 부는 나를 괴롭힌
다 ──
그대는 자신을 내어주고
자신을 돌보지 않고 자신을 사랑하지 않는다.
커다란 고뇌가 언제나 그대를 강요한다.
넘쳐나는 곡식 창고의 고뇌, 넘치는 마음의 고뇌가 ──
그러나 그 누구도 그대에게 감사해하지 않는다……

사랑받기를 원한다면
똑똑한 바보여
그대는 더 가난해져야 한다.
사람은 괴로워하는 자에게만 사랑을 주고
배고픈 자만을 사랑한다.

우선 그대 자신을 내주어라, 오오, 차라투스트라여!

──내가 그대의 진리이니라……

일몰

1

머지 않아
그대의 목마름도 사라질 것이다.
　　불타 재가 된 가슴이여!
미래의 약속이 대기 속에 떠돌고
미지의 입에서 입김이 불어온다.
── 시원한 바람이 불어오리라……
대낮의 내 태양이
머리 위에서 뜨겁게 불타고 있었다.
　　그대, 갑자기 부는 바람이여,
부는 바람아, 어서 불어라.
오후의 서늘한 바람이여!

바람은 낯설게 그리고 맑게 불고 있다.
추파 던지는
　　유혹자의 눈길로
밤이 나를 지켜보고 있지 않은가……
강하여라, 내 굳센 가슴이여!
왜냐고 묻지도 말라,──

2

내 인생의 하루여!

해가 진다.
이미 온화한 바닷물이
    황금빛으로 빛나고 있다.
바위는 따뜻하게 숨쉬고 있다.
    다분히 정오에
행복은 그 바위 위에서 수면을 즐겼을까?
    녹색의 빛을 받으며
행복의 밤이 아직도
갈색 심연 위에 노닐고 있다.

내 인생의 하루여!
석양을 향하여 다가가고 있네.
이미 그대의 눈동자는
    반쯤 빛을 잃었구나.
이미 그대의 눈은
    이슬 같은 눈물 방울이 넘쳐
이미 하얀 바다 위를
그대 사랑의 진홍빛 노을이 말없이 번지고 있다.
머뭇거리는 그대 최후의 정복이……

    3
찬란한 밝은 순간이여, 오라!

　　그대 죽음의
은밀하고 감미로운 미리 맛봄이여!
―― 나는 너무 서둘러 내 길을 달렸을까?
다리가 지친 지금에 와서 비로소
　　그대 눈초리가 나를 뒤쫓고
　　그대 행복이 나를 따라잡는다.

주위에는 오직 파도의 유희뿐.
　　예전에 견디기 힘들었던 것은,
푸른 망각의 바닥으로 가라앉았다.
지금 나의 조각배는
한가롭게 흔들리고 있다.
폭풍과 뱃길―― 조각배는 어찌하여
그것을 잊어버린 것일까?
　　소원과 희망은 가라앉고
　　영혼과 바다는 아름답게 누워 있다.

일곱 번째의 고독이여!
　　예전에 이토록 내가
감미로운 평안을
몸 가까이 느낀 적이 없었다.
내 산정의 얼음은 아직도 불타고 있지 않은가?

은빛으로 가볍게 물고기처럼
내 조각배는 이제 파도를 탄다……

명성과 영원

1

얼마나 오랫동안 그대는
　　그대의 재난을 품고 있었던가?
주의하라! 그대는 나를 위해서
　　하나의 알을
　　바질리스코의 알을
그대의 긴 고뇌 끝에 부화시킨다.

왜 차라투스트라는 산을 따라서 남몰래 소리 죽여 걷고
있는가?——

　　의심이 많고, 종양투성이의 음산한
　　오래 숨어 있는 자,
　　갑자기 번개가 되어
　　밝고 무서운 번갯불이 되어
　　심연으로부터 하늘을 친다.
　　—— 산마저도
　　그 내장이 뒤틀린다.

　　미움과 번개는
　　하나가 되어 저주가 된다——
　　산 위에는 차라투스트라의 분노가 깃들인다.

그것은 먹구름이 되어 산 위를 덮는다.
최후의 덮개를 지닌 자는 기어들어 가라.
침상에 숨어라, 심약한 자들이여!
이제 구름 위에 천둥 울리고
이제 기둥과 벽이 요동 치고
이제 번개의 유황빛 진리가 번쩍인다 ──
　　차라투스트라가 저주하고 있다……

　　　　2
세상 모든 이들이 셈을 치르는
이 화폐들,
명성 ──
장갑을 끼고 이 화폐를 집었다가
구역질을 느끼며 나는 그것들을 짓밟는다.

누가 지불을 바라는가?
팔려갈 사람들……
팔릴 사람은
기름진 손으로
이 세상 어디에도 통용되는, 명성이라는 싸구려 깡통을
거머쥔다.

── 그대는 그것들을 사려고 하는가?
그것들은 모두 사고 팔 물건들이다.
그러나 비싼 값을 매겨라!
돈으로 가득 찬 지갑을 비게 하라.
── 그렇찮으며 그들의 기운을 북돋게 하라.
── 그들의 덕을 북돋게 하라.

그들은 모두 덕을 지니고 있다.
명성과 덕성── 그것은 조화를 이룬다.
세상이 끝나지 않는 한
세상 사람들은 명성이라는 요설로
덕성이라는 요설의 값을 치른다.
그리고 세상은 그 소음으로 삶을 이어간다……

덕을 지닌 모든 사람들에게
    나는 죄인이 되려고 생각한다.
온갖 큰 죄를 갖고서 그 죄를 짊어지리라!
모든 명성의 나팔 앞에
나의 명예심은 하찮은 것이 된다──
그런 사람들 사이에서
나는 가장 비천한 인간이고 싶다……

세상 모든 이가 셈을 치르는
이 화폐,
명성——
나는 장갑을 끼고 그것들을 집었다가
구역질을 느끼며 그것들을 짓밟는다.

3
조용히!
위대한 것에 대해——나는 위대한 것을 보고 있다!——
우리는 침묵하거나
위대하게 말해야 한다.
위대하게 말하라, 내 환희의 지혜여!

나는 우러러본다——
거기 빛의 바다가 물결치고 있다.
　——오오, 밤이여, 오오, 침묵이여, 오오, 죽음처럼 잔잔
한 소음이여……!
　하나의 표시가 보인다——
　아득히 먼 곳으로부터
　천천히 하나의 별이 불꽃을 튀기면서 나에게로 떨어져
온다……

4

존재의 최고 성좌여!
영원의 조각을 새기는 조각판이여!
그대는 나를 찾아온 것인가?——
누구도 바라본 적이 없는
그대의 말없는 아름다움이여,——
어찌하여 그 아름다움은 나의 시선을 피하지 않는가?

필연의 문장이여!
영원의 조각을 새기는 문자판이여!
—— 그러나 그대는 진정 알고 있으리라,
모든 사람들이 미워하고
나만이 사랑하는 것이 무엇인가를,
그대는 영원하고
그대는 필연적이라는 것을!
나의 사랑은 영원히
오직 필연에 대해서만 환희한다.
필연의 문장이여!
존재의 최고 성좌여!
—— 어떤 소망도 그대에게 이르지 못하고,
어떤 부정도 그것을 더럽히지 못하는 것,
존재의 영원한 긍정이여!

영원히 나는 그대의 긍정이다.
왜냐하면 나는 그대를 사랑하니까,
오오, 영원이여!──

어릿광대일 뿐! 시인일 뿐!

맑게 갠 대기 속에서
어루만지듯 이슬방울이
눈에 보이지 않고 소리도 없이
대지 위로 내려올 때에,——
이 위안의 이슬은
위안으로 가득한 모든 부드러운 것과 같이
부드러운 신발을 신고 있으므로 ——
너는 그때 잊지 못하리라, 뜨거운 가슴이여!
일찍이 그대가 하늘의 눈물과 이슬방울에
얼마나 목말라 있었던가를,
가슴 태우며 애타게 지쳐 있었던 것을.
그때 노랗게 물든 풀밭 길 위에
악의를 품은 저녁 노을이
음흉한 태양의 불타는 눈길이
땅거미 지는 수목 사이로
그대 주위를 쏘아보고 있었다.

"그대가 —— 진리의 청혼자냐?"
그들은 이렇게 놀렸지.
"아니! 오직 시인일 뿐!
간교하고 약탈하며 몰래 접근하는 짐승이다.
거짓도 꾸며야 하는

알면서 일부러 거짓을 꾸며야 하는 짐승,
먹이를 노리고
화려한 가면을 쓰고
스스로 도깨비가 되어
자신이 먹이가 되는 짐승,
그런 짐승── 그것이 청혼자일까?
단지 어릿광대일 뿐! 시인일 뿐!
단지 미사 여구로 말하고
어릿광대의 가면 속에서 번지르르한 말만 하고
거짓말의 다리 위를,
거짓의 무지개 위를 서성대고,
거짓된 천국 사이로
방황하고 발소리를 죽이고 걷는
단지 어릿광대일 뿐! 시인일 뿐!

그것이── 그것이 진리의 청혼자일까?
고요히 꿈쩍도 않는 매끄럽고 차디찬
이미지로 되는 것이 아니고
신전의 기둥이 되는 것이 아니다.
신의 문지기로서
신의 수문장이 되는 것이 아니다.
아니! 오히려 그런 모범적인 덕행에 그는 적대 관계이며 신전보다 황야가 더 포근하다.
고양이처럼 방자하게
모든 창문을 빠져나와
단번에 재빨리 기회를 틈타
원시림의 냄새를 맡는다.
그대는 원시림 속에서
화려한 얼룩의 맹수들 사이를
죄스럽도록 건강하고 아름답고 화려하게 달리기 위하여
탐욕스런 입술을 빨며
복된 조소로, 복된 악의로, 복된 피의 굶주림으로,
덮치고 발소리 죽여 걸으며 거짓말을 하면서 달렸다……

혹은 오래, 오랫동안
심연을 주시하는 독수리처럼
스스로의 심연을 들여다보는 독수리……
—— 오오, 그들이 이곳으로 떨어져
점점 더 심연으로 휘감겨 들어가는 모습이여!——

그러다가
갑자기
날개를 바로 세우고
날개를 펄럭이며

어린 양을 습격한다.
몹시 굶주려
어린 양을 노리며 갑자기 내려앉는다.
모든 양과 같은 영혼을 증오하고
덕을 갖춘, 양의 온화함과 꼬불꼬불한 털을 가진
어리석고 양의 젖과 같은 온정을 담은
시선을 가진 모든 것을 증오한다.

그러므로
시인의 동경은,
수많은 가면 아래 숨겨진 너의 동경은,
독수리와 같고 표범과 같다.
그대 어릿광대여! 시인이여!

그대는 인간을
신으로 양으로 보았다.
인간 내면의 양을 찢고
인간 내면의 신을 찢어 발기고
찢어 발기며 크게 웃는다——

이것이야말로 너의 행복이다,
표범의 축복이며 독수리의 축복이다,

시인이자 어릿광대의 축복이다!”

맑게 갠 대기 속에
낫을 닮은 초승달이
진홍빛 노을 사이로 파랗게
시샘하듯 소리 죽여 미끄러져 걸을 때
──낮에 적개심을 품은 달,
낮이 어둠에 가라앉아
밤을 향해 퇴색하며 가라앉을 때까지
낫 모양의 초승달은
장미가 걸린 매트를 낫질하고 있다.

나 자신도 언제인가
나의 진리를 찾는 광기에서
낮을 그리다가
낮에 지치고 빛에 병들어 가라앉았었다.
──아래로, 저녁으로, 그늘 쪽으로 가라앉았었다.
절대적인 하나의 진리에
마음을 태우며 목말라 했었다.
──너는 잊지 않았으리, 뜨거운 가슴이여,
너는 잊지 않았으리,
그대가 그때 얼마나 갈증을 느꼈던가를.

모든 진리로부터
추방되기를 얼마나 애타게 바랐던가를!
어릿광대일 뿐! 시인일 뿐!

<u>*제2부*</u>

도취의 노래

니체 시집

미지의 신에게

새로운 출발을 하면서
눈길 멀리 던지기 전에
다시 한 번 외로움에
두 손을 들어 당신께 비옵니다.
당신에게로 도망쳐서는
마음 은밀한 곳에 당신을 위한
축제의 제단을 마련합니다.
어느 때일지라도
당신의 음성이 나를 다시 부르도록.

그곳에는 깊이 새겨진 말씀이 불타고 있습니다.
그 말뜻은 '미지의 신에게'라고.
나는 그의 소유, 비록 내가 모독자의 무리 속에
지금까지 섞여 있었다 할지라도
나는 그의 소유—— 나를 어쩔 수 없이
끌어당기는 덫을 느끼노라.
아무리 도망친다 해도
꼼짝없이 그를 섬기도록 하는 올가미의 힘을.

나는 당신을 알고 싶습니다. 미지의 신이여,
내 영혼 깊숙이 파고든 당신이여,
내 삶을 폭풍과도 같이 꿰뚫고 지나가는 당신이여,

알 수 없는 당신, 그러면서 나와 한 핏줄인 당신,
　나는 당신을 알고 싶습니다. 나 스스로 당신을 섬기고
싶습니다.

나그네

밤의 어둠 속을 헤치고
한 나그네가 잰 걸음으로 걷고 있다.
구부러진 골짜기와 늘어선 언덕──
나그네는 그 길을 더듬어 간다.
밤은 아름다워라──
나그네는 쉬지 않고 걷는다.
그 길이 아직 어디로 가는지도 모르면서.
어둠 속에서 한 마리 새가 노래 부른다.
"아, 새여, 이게 무슨 짓이냐?
어찌하여 너는 내 생각과 발길을 방해하는가!
내 귀에 감미로운 마음의 번뇌를 울리게 하여
어쩔 수 없이 나를 멈추게 하고
너의 노래를 듣게 하는가.
어찌하여 고운 노래로 나를 유혹하느냐?"

그 착한 새는 노래를 멈추고 말했다.
"아니오, 나그네여, 내 노래는
당신을 유혹하는 것이 아니라오──
높은 가지에서 유혹하는 것은 암컷이라오──
당신과 무슨 상관이 있단 말인가요?
나에게만 밤이 아름다운 것은 아니지만
당신과 무슨 상관이 있단 말인가요? 당신은 가야만 하

는데,
그리고 결코 멈추어서는 안 되지요!
왜 아직도 서성대고 있나요?
피리로 부는 내 노래가 당신과 무슨 상관입니까?
방랑하는 그대여.”

그 착한 새는 입을 다물고 생각에 잠겼다.
‘내 노래가 그와 무슨 상관이 있기에!
어째서 그는 멈추어 서 있는 것일까?
불쌍하고 가엾은 나그네여!’

빙하(氷河) 가에서

정오의 시간, 처음으로
피로에 지쳐 열기 있는 소년의 눈동자 같은 여름이
산맥 속으로 오를 때에
여름은 역시 말을 하지만
우리는 오직 그의 말을 보고만 있었노라.
그의 숨소리는 열병 앓는 밤의
환자의 숨결처럼 가쁘다.
빙산과 전나무와 샘이
여름을 향해 대답하지만
우리는 오직 그 대답을 보고만 있었노라.
바위로부터 작은 폭포는
마치 인사하듯 재빨리 뛰어내리다가
하얀 기둥처럼 떨면서
그리움에 사무쳐 그곳에 서 있노라.
전나무는 평소보다 암울하게
그러면서 더 정겨운 시선을 던진다.
얼음과 싸늘한 용암 사이로
뜻하지 않은 빛이 나타났으니……
그런 빛을 본 적이 있는 것 같은
생각이 들었노라.

죽은 사람의 눈동자도 역시

어쩌면 다시 한 번 빛을 띨 것이다.
그의 아들이 슬픔에 잠겨
그를 끌어안고 입맞춤할 때에
어쩌면 다시 한 차례 빛의 불꽃이
되살아나고, 불타오르면서
죽은 눈이 말하리라. "내 아들아!
아, 아들아, 너는 알리라. 내가 너를 사랑하고 있음을!"
그렇게 삼라 만상은 불타오르면서 말한다 ——
빙산이, 여울이, 그리고 전나무가 ——
비슷한 눈초리로 같은 말을 되뇌인다.
"우리는 그대를 사랑한다.
아, 너는 알리라, 우리가 너를 사랑하고 있음을!"
그리고 그 여름은,
피로에 지쳐 열기 있는 눈동자의 소년은,
슬픔에 젖어
보다 열렬하게 입만 맞추며
떠나려 하지 않는다.
들릴 듯 말 듯하게
그의 입에서
슬픈 말이 새어 나온다.
"나의 인사는 이별이며
내가 오는 길은 떠나는 길,

나는 어린 채로 죽어간다.”

주위의 만물은 그 말에
귀를 기울이며 숨을 죽인다.
새 한 마리조차 노래하지 않고.
그러자 전율의 기색이
섬광처럼 산맥 위를 번져 간다.
주위의 만물은 생각에 잠기고 ――
그리고 침묵……
그것은 한낮이었다.
정오의 시간, 처음으로
피로에 지쳐 열기 있는 소년의 눈동자 같은 여름이
산맥 속으로 오를 때였다.

가을

이제는 가을, 가을은 마음이 외로울 때이다.
날아가라! 날아가라!
태양은 기어서 허덕이며
기슭을 밟고 산을 오른다.
걸음마다 숨을 몰아쉬며.

세상은 말라 시들어 생기를 잃었으니!
지쳐 느슨해진 줄 위에서
바람은 그의 노래를 부른다.
희망은 사라져 버리고——
바람은 사라져 간 희망을 한탄한다.

이제는 가을, 가을은 마음이 외로울 때이다.
날아가라! 날아가라!
오, 나무의 열매여,
너는 떨고 있는가, 떨어지는가?
밤은
어떤 비밀을 너에게 가르치던가?
얼음과 같은 전율이 너의 뺨을,
새빨간 뺨을 덮고 있다고?

너는 입을 다물고 대답하지 않으련가?

아직 입을 놀리는 자가 있는가?——

이제는 가을, 가을은 마음이 외로울 때이다.
날아가라! 날아가라!
"나는 아름답지 못해요.
—— 아스터꽃은 이렇게 말한다 ——
그렇지만 나는 사람들이 좋아요.
그래서 그들의 마음을 달래 주어요——
인간들은 가을 깊은 지금에도 꽃을 보고
나한테 허리를 구부려서는
아, 그리고 손으로 나를 꺾기만 하면 되는 거예요.
그러면 인간들의 눈에는
추억이 아롱거리지요.
나보다 더 고운 것에 대한 추억——
—— 나에게는 보여요 —— 그렇게 나는 죽는답니다."

이제는 가을, 가을은 마음이 외로울 때이다.
날아가라! 날아가라!

리트¹⁾와 잠언

시작으로서의 리듬, 끝으로서 운(韻).
영혼은 언제나 음악.
그런 거룩한 울림 소리가
리트라고 불린다. 더 간결하게 말하면
리트란 '음악으로서의 언어'이다.

잠언은 다른 새 영역이다.
비웃고 들뜨고 뛸 수는 있지만
잠언이란 '리트가 없는 의미'이다.

그대들에게 이 두 가지를 드리리까?

• • •

1) 원뜻은 독일어의 Lied, 가곡 등으로 해석하지만 여기서는 시로
   해석함.

우정에 붙여서

우정이여, 여신이여[1]
우리가 지금 우정을 위해서 부르는 노래를
자비심을 갖고 들으소서!
벗네들의 눈길이 어디로 향하든지
우정의 행복으로 넘치고 넘쳐,
고운 마음으로 그대는 다가온다.
시선 속에 깃든 여명의 빛이여,
그리고 거룩한 정의를 잊지 않는
영원한 젊음의 변함없는 담보여.

그대에게 영광 있으라, 우정이여!
내 최고의 희망의
첫 여명의 빛이여!
아, 때때로 나는
오솔길과 밤이 끝없이 느껴지기도 하였네.
삶의 모든 것이
목표도 없고 짜증스럽기도 하였네.
지금은 그대 눈동자 속에
아침의 광채와 승리를 보고

. . .
1) 우정을 여신으로 간주함은 독어로 여성 명사이기 때문.

나는 다시 한 번 살고 싶어한다.
그대 우정의 여신이여!

그대에게 영광 있으라, 우정이여!
내 운명의 보증인이여,
먼 승리의 보증이자 서곡인 그대여!
미래가 아무리 험난하다 하여도
고통과 고뇌와 악의에 찼다 할지라도
나는 결코 두려워하지 않으리라.
나의 인생은 언제나 승리의 기개에 넘쳐
내 인생의 석양은 언제까지나 한없이
그대의 햇살 아래 빛나리라.

동정(同情)의 왕복

1. 가장 고독한

까마귀들은 울부짖으며
날개를 퍼덕이며 어지러이 도시로 날아간다.
머지 않아 눈이 내리겠지——
지금도 아직 고향이 있는 사람은—— 행복하리라.

지금 그대는 멍하니 서서
지난 세월을 돌아보고 있으니, 아, 얼마나 오래 전의 일
인가!
왜 그대는 어리석게도
겨울을 앞두고 이 세상 속으로 도망쳐 왔는가?

이 세상 —— 소리도 없고 싸늘한
수없이 많은 사막으로 열린 문!
그대가 잃어버린 것,
그대가 잃어버린 사람은, 어느 곳에도 정착하지 못한다.

지금 그대는 핏기 잃고 서서는
추운 겨울을 방랑할 운명으로 저주받고 있다.
보다 차가운 하늘을 향해 오르는
연기와도 같다.

날아라 새여, 울어라
그대의 노래를, 사막에서 우는 새의 가락으로 ——
감추어 다오, 그대 어릿광대여,
얼음과 비웃음 속에 피 흘러 떨어지는 그대의 심장을!

까마귀가 울부짖으며
날개를 퍼덕이며 어지러이 도시로 날아간다.
머지 않아 눈이 내리겠지,
고향이 없는 사람은 슬프리라.

   2. 대답
신이여, 가련히 여기소서!
내가, 독일적인 따뜻함을,
케케묵은 독일적인 가정의 행복을
그리워한다고, 그 누군가 믿고 있다니!

나의 벗이여, 여기에서 나를
붙들어 지체시키는 것은 그대의 반지성이니라.
그대를 동정하노라.
독일적인 가짜 지성에 대하여 동정하노라!

소나무와 번개

나는 인간과 짐승 위에 높이 자라나
말을 하는데—— 아무도 나와 더불어 말하지 않네.

너무나도 외롭게, 너무 높이 자라나
기다리는데—— 나는 무엇을 기다리는 것일까?

구름은 내 곁으로 너무 가까이 흐른다.
내가 기다리는 것은 최초의 번갯불.

가장 고독한 사람

단편

하루하루 지쳐버린 지금,
모든 동경의 시냇물이
새로운 위안으로 졸졸 소리내고
모든 하늘도 역시, 황금빛 거미줄에 걸려
피곤한 사람들에게 "이젠 쉬라!"고 외치는 지금──
그대는 어찌하여 쉬려고 하지 않는가, 암울한 가슴이여,
무엇이 그대를 발병나는 곳으로 도피하게 몰아세우는
가……
그대는 무엇을 기다리고 있는가?

근면과 천재

근면한 사람의 근면을 나는 동경한다.
그의 일상은 황금처럼 밝고 한결같이 흘러가고,
황금처럼 밝고 한결같이 되살아나서
어두운 바다 속으로 가라앉는다 ——
그의 안식처를 둘러싸
사지를 풀어주는 망각이 불타오른다.

도취의 노래
—— '차라투스트라는 이렇게 말했다'에서

오, 인간이여! 주의 깊게 들어 다오!
깊은 밤은 무엇을 말하고 있는지?
"난 잠을 잤도다, 난 잠을 잤도다 ——
나는 깊은 꿈에서 깨어났도다 ——
세계는 깊고
그리고 낮이 생각했던 것보다 더욱 깊어라.
세상의 슬픔은 깊다 ——
쾌락은 —— 마음의 고통보다 더욱 깊도다.
슬픔은 말한다, '사라져 없어지라'고.
하지만 모든 쾌락은 영원을 원한다 ——
—— 깊고 깊은 영원을 원한다!"

말〔言語〕

싱싱한 언어가 나는 좋아.
그런 언어는 즐거이 솟아올라
얌전히 고개 숙여 인사를 한다.
서툴러도 사랑스럽고
피가 통하고, 참되이 숨쉬고
벙어리 귀에까지도 들리고
휘감기기도 하다가 나부끼기도 한다.
무엇을 하든 —— 흥겹게 한다.

언어는 원래 섬세한 생물체로서
병이 들기도, 낫기도 한다.
그것을 가볍고 부드럽게 붙잡아야 하되
함부로 만지거나 억눌러서는 안 된다.
악의 찬 시선에도 언어는 쉽게 죽는다 ——
그리고 보기 흉하게
넋도 없이, 불쌍하고 차갑게 드러누워
죽음에 시달려,
그 작은 시체는 흉하게 변한다.
죽은 언어 —— 그것은 추악한 것.
텅 빈 공허한 울림.
크고 작은 말들을 죽이는
온갖 더러운 사업은 지긋지긋하다.

"유쾌한 지식"

이것은 책이 아니다. 책 따위가 무슨 소용!
이 관(棺)들과 관을 덮는 보 따위가 무슨 소용!
흘러간 과거는 책들의 노획물이다.
하지만 이 책 안에 영원한 현재가 살아 있다.

      *

이것은 책이 아니다. 책 따위가 무슨 소용!
이 관들과 관을 덮는 보 따위가 무슨 소용!
이것은 의지, 이것은 약속이다.
이것은 최후의 다리이자 파괴이다.
이것은 해풍이며, 정박등이며,
전륜(轉輪)의 울림 소리이며, 조타의 올바른 조준이다.
대포는 울부짖고 그 포화가 하얀 연기를 내뿜는다.
바다가 크게 웃는다. 이 무시무시한 것이!

"나그네와 그의 그림자"
—— 한 권의 책

이젠 돌아가지도 않겠는가, 떠나가지도 않겠는가?
영양을 위해서 길이 나 있지 않은가?

그렇게 나는 여기 기다리고 있다.
눈으로 보고 손에 잡히는 것을 꽉 붙잡고.

다섯 자 넓이의 땅과 아침 노을
그리고 발 아래는 —— 세계와 인간과 죽음이!

한 벌의 잠옷을 바라보며

너저분한 차림새에도 불구하고
예전의 독일인은 분별을 지닐 수가 있었다.
아아, 그것이 이리도 변하였단 말인가!
엄격한 옷에 꼭 싸여서
독일인은 그들의 재단사에게
그들의 비스마르크에게 —— 분별을 맡겨 버렸다.

—— 1894

다윈의 후계자들에게

이 용감한 영국인들의
평범한 이해자들을
그대들은 '철학'이라고 여기는가?
다윈을 괴테와 비교한다는 것은
바로 불경죄에 해당한다 ——
천재의 존엄성에 대한 모독이다!

영광 있으라, 손수레 미는 용감한 사람들이여,
언제나 '더디면 더딜수록 더 좋다'인가
머리와 무릎은 점점 더 굳어지고
감동도 모르고 농담도 모르고
찌들지도 않은 평범함.
천분(天分)도 없고 에스프리도 없다!

하피스에게
—— 건배의 말, 어느 금주가의 문제

그대가 세운 술집은
　　어느 집보다도 웅대하고
그대가 그곳에서 빚은 술은
　　이 세상이 모두 마셔 버리지는 못한다.
옛날에 불사조였던 그 새는
　　그대 집에서 손님으로 묵고 있다.
하나의 산을 분만한 생쥐는
　　그 생쥐는 —— 거의 그대 자신이다!
그대는 일체이고 무이며, 술집이며, 술이로다.
　　불사조이며 산이며 생쥐로다.
그대는 영원히 그대 자신 속으로 가라앉으며
　　영원히 그대로부터 떠나 날아가도다.
그대는 모든 산봉우리의 침몰이며
　　모든 심연의 빛이다.
그대는 모든 취한 자들의 도취이다.
　　—— 그대에게는 무엇 때문에 있는 것인가? —— 술이?

스피노자에게

사랑하면서 '전체 속의 하나'에 대해 호의를 갖고
지성에 의해서 행복하게 '신을 사랑하였다'——
신발을 벗어라! 그 얼마나 거룩한 땅이냐!
—— 그러나 그 사랑 밑에는
남몰래 반짝이는 복수의 화염이 타오르고 있었다.
유태의 신(神)을 유태인의 증오가 삼키고 있었다……
은둔자여! 나는 그대의 정체를 알아보지 아니했는가?

아르투르 쇼펜하우어

그의 가르침은 필요 없게 되었어도
그가 산 삶은 영원하리라.
그를 오직 바라보라——
그는 어느 누구에게도 속박되지 않았다!

리하르트 바그너에게

온갖 사슬에 신음하는 그대여,
평화도 자유도 잃어버린 정신이여,
언제나 의연하면서, 더욱더 구속당하고,
점차 미움을 받고 발가벗겨진 정신이여,
마침내 그대는 온갖 향유가 든 독배를 마셨도다——
아, 그대도 역시 십자가 앞에 쓰러졌다.
그대도 아, 그대도——정복당한 사람!

오랫동안 나는 이 연극을 보며 서 있었다.
감옥의 내음, 비탄과 원한과 묘혈을 탐지하면서
그 사이로 안개처럼 피는 향연과 교회의 내음을 맡았다.
그것은 낯설고 몸서리쳐진다.
나는 춤추며 광대의 모자를 하늘에 던졌다.
그리고 나는 탈출한 것이다.

최후의 의지

예전에 나의 친구가 죽는 것을 보았는데,
그처럼 나도 죽는다.
그 친구는, 번개와 같은 시선을
신처럼 나의 암담했던 청춘 속으로 던졌다.
변덕스럽게, 깊숙이,
전쟁터에서도 그는 무도자였다——

전사(戰士)들 중에서도 가장 활발한 사람,
승자들 중에서도 가장 괴로워하는 사람,
자신의 운명 위에 하나의 운명으로서 서 있는,
가혹하고, 사려 깊은 사람이었다——

승리를 거둔 일에 대하여 전율하고,
죽음에 대해 승리를 거둔 것에 환성을 올리면서——

죽음에 임하여 명령하면서,
—— 그리고 명령했었다, 파괴하라고……

예전에 나의 친구가 죽는 것을 보았는데,
그처럼 나도 죽는다.
승리를 거두면서, 파괴하면서……

제3부

남국(南國)에서

니체 시집

언젠가 많은 것을 알려야 할 사람

언젠가 많은 것을 알려야 할 사람은
입을 다물고 많은 것을 가슴 속에 쌓는다.
언젠가 번개에 불을 켜야 할 사람은
오랫동안 —— 구름으로 살아야 한다.

아름다운 육체는——베일에 불과한 것

아름다운 육체는 —— 베일에 불과한 것.
그 속에 수줍어하며 —— 더욱 아름다운 것이 숨어 있다.

괴테에게

영원한 것은
오직 그대의 초상뿐!
형상의 신
그것은 시인의 능력……

구르는 세계의 수레바퀴는
과녁을 찾아 헤맨다.
원한에 사무친 자는 그것을 고행이라 하고
바보는 유희라 한다:

주인 같은, 세계의 유희는
존재와 가상을 혼합한다.
영원의 어리석음은
우리를 몰아 뒤섞어 놓는다.

남국(南國)에서

나는 휘어진 나무 등걸에 이렇게 매달려
내 지친 몸을 흔들고 있다.
한 마리 새가 나를 손님으로 불러
나는 그의 둥지 안에서 쉬고 있다.
여기가 어디인가? 아, 아득히 먼 곳!

하얀 바다는 잠들어 누웠고
진홍빛 돛배가 그 위에 떠 있다.
바위와 무화과나무, 종탑과 항구,
목가(牧歌) 들리는 곳에 양 떼의 울음소리——
남국의 순박함이여, 나를 반겨 다오.

오직 착실하기만 하다면——그것은 인생이 아니다.
언제나 조심스런 행보를 하는 것은 딱딱해서 편치 않다.
바람에게 말했다, 나를 올려 달라고.
나는 새들과 어울려 나는 것을 배웠지——
남쪽을 향해 바다를 건너 날았다.

이성이라고? 지겨운 노릇!
이성은 조급히 우리들을 목표로 데리고 간다.
하늘을 나는 동안에 나를 우롱하던 것을 깨닫는다.
나는 벌써 새로운 삶, 새로운 놀이에 대한

힘과 피와 정기가 분출하는 것을 느낀다……

외롭게 사색하는 것이 현명하다.
그러나 외롭게 노래하는 것은——어리석은 일일 것이다.
조용히 내 주위에 둘러앉아
그대들을 찬양하는 내 노래를 들어 다오.
그대들, 나쁜 새들이여, 주위에 모여라!

그렇게 생기 있는 거짓된 새들아
떼 지어 나는 너희들은 사랑을 위해,
아름다운 유희에 열중하기 위해 만들어진 것 같다.
나는 몸서리치게 늙은 여인을 사랑했지.
그 여인의 이름은 '진리'라고 불렀다…….

베네치아

최근에 나는 다갈색의 밤에
다리 위에 서 있었네.
먼 곳에서 노랫소리가 들려왔고
그 노래는 찬란한 물방울이 되어
수면 위로 파문을 일으키며 퍼져 갔네.
곤돌라, 횃불, 노랫소리는——
흥에 겨워 어둠 속으로 헤엄쳐 갔네……

나의 영혼은, 현(絃)의 울림처럼,
눈에 보이지 않는 손으로 타졌네.
거기에 맞춰 남몰래 곤돌라의 노래를 불렀지.
화려한 축복에 전율하면서.
—— 거기에 귀 기울인 이 있었을까……?

신비의 작은 배

어젯밤, 만물이 잠들었을 때
덧없는 숨을 내쉬면서,
골목을 스쳐가는 바람도 없었네.
평소에는 그렇게 깊게 잠재우는
베개도 마약도 —— 부끄럼 없는 양심도
내게 위안을 가져다 주지 못했네.

마침내 나는 잠을 몰아내고
바닷가로 나갔네.
달빛은 밝고 부드러웠지 —— 나는 따뜻한 모래밭에서
한 뱃사공과 조각배를 보았네.
둘이는 졸음에 겨운 양치기와 양과 같았는데
마침내 조각배는 졸면서 기슭을 떠났지.

한 시간, 아니면 두 시간쯤 지났을까,
아니면 일 년쯤 지났을까? —— 갑자기
나의 감각과 사고는 영원 불변의 일체로 녹아내렸네.
그리고 끝없는 심연이
입을 벌리고 —— 다시 사라져 갔네.

아침이 왔다. 그 암흑의 심연에
조각배가 떠서, 조용히 움직이지 않고 있다……

어쩐 일이냐고 소리치는 사람이 있었다.
이윽고 많은 사람들이 고함쳤다. 무슨 일이냐? 피라고?
아무 일도 없었다! 우린 잠을 잤었다. 모두들 ——
아아, 어떻게나 잘 잤는지!

새로운 바다로

저기로——내 의지는 향한다. 이제부터 나는
나를 믿고 내가 젓는 노를 의지하리라.
가슴을 연 바다는 넓고, 그 푸르름 속으로
내 제노바[1]의 배는 나아간다.

삼라 만상은 한층 더 새롭게 빛나고
정오는 시간과 공간을 초월해 잠자고 있다.
오직 그대 눈동자만이——무섭도록
나를 응시하누나, 영원이여!

1) 니체는 스스로를 제노바 인이라 일컬었음.

실스 마리아

나 여기 앉아 한없이 기다렸네──그 무엇을 기다리지
도 않으면서.
선악의 피안에서, 가끔 빛을 즐기고
혹은 그림자에 몸을 맡겨도 그건 오직 놀이일 뿐.
호수와 정오와 목적도 없는 시간뿐.
그때 갑자기 하나가 둘이 되었고──
── 그리고 차라투스트라가 내 곁을 지나갔다……

"나의 행복!"

성 마르코 성당의 비둘기들을 나는 다시 본다.
인적이 없는 광장 위에 정오의 햇살이 머문다.
부드럽고 시원한 바람 속에 창공을 나는 비둘기처럼
나는 여유로이 하늘에 노래를 날린다.
　　그리고 다시 노래를 불러들인다,
그 노래의 날개 위에 하나의 운율을 더 달려고.
—— 나의 행복, 나의 행복이여!

그대, 실크처럼 잔잔한 푸른 하늘이여,
살포시 감싸듯 삼라 만상 위에 떠도는
그 모습, 형언키 어려워—— 사랑한다 할까,
두렵다 할까, 시샘이 난다 할까……
그 영혼을 진정 모두 마셔 버릴 수 있으면 싶다.
　　언젠가 그것은 되돌려줘야겠지.
아니, 그건 말하지 말라, 그대 신비의 광경이여!
—— 나의 행복, 나의 행복이여!

그대 엄숙한 종탑이여, 사자의 형상처럼
지칠 줄 모르고 우뚝 솟아 수고하고 있구나!
그대 깊은 종소리는 광장을 압도한다.
프랑스어로 말하자면 앙쌍떼규[揚音符]일까?
　　내가 그대에게 살아남는다면

실크처럼 부드러운 얽매임인 줄을 알겠건만……
―― 나의 행복, 나의 행복이여!

가거라, 사라져라, 음악이여! 이제 그림자 어두워지고
아늑한 갈색의 밤이 되게 하여라.
종이 울리기엔 너무 이른 시간이다. 아직
황금의 장식들도 장미처럼 빛나지 않고
　　아직 많은 날이 남아 있다.
시를 짓고 서성대며 외롭게 명상하는 날이 오기까지는.
―― 나의 행복, 나의 행복이여!

북서풍에 붙여서
—— 무용가(舞踊歌)

북서풍이여, 구름의 사냥꾼이여,
슬픔의 살인자, 하늘의 청소부여,
소리내며 부는 이여, 나는 정말 너를 사랑하고 있다네!
우리는 하나의 몸에서
최초로 태어난 것이 아니냐, 공동 운명으로
영원히 예정된 것이 아니냐?

이 가파른 바위 위로
나는 춤추면서 그대를 반긴다.
너의 피리와 노랫소리에 박자 맞춰 춤추면서.
너는 배도 없고 키도 없이,
가장 바쁜 자유의 형제로서
거친 바다 위로 달려나간다.

갑자기 외치는 소리를 듣고, 잠이 깨어
바위 계단으로 달려갔다.
바닷가의 가파른 암벽으로.
오오, 너는
다이아몬드의 여울처럼,
승리를 자랑하며 산 쪽으로 다가왔다.
평평한 하늘의 평면 위에서

너의 말이 달리는 것을 나는 보았다,
너를 태운 마차를 보았고,
너의 손이 빠르게 움직이는 것을 보았다,
그 손이 말 등에서
번개처럼 채찍을 휘두를 때에,——

좀 더 빨리 뛰어내리려고
네가 마차에서 튀어나오는 것을 보았다.
화살처럼 온 몸을 움츠리고
깊은 바다 속으로 뛰어드는 것을 보았다——
찬란한 빛이 새벽녘의
장미 덩굴 속으로 뚫고 들어가듯이.

춤을 추어라, 무수한 등 위에서,
파도의 등, 파도의 간사한 꾀 위에서——
새로운 춤을 창작해 내는 이를 찬양하리라!
무한한 선율에 맞추어 춤을 추자,
자유로워라 —— 우리들의 예술은,
유쾌하여라 —— 우리들의 학문은!

모든 꽃 중에
우리의 영광을 위하여 한 송이의 꽃을 빼고,

화관을 위해 두 장의 잎을 빼자!
중세의 음유 시인들처럼 춤을 추자,
성자들과 매춘부들,
신과 속세 사이에서 춤을 추자!

바람과 함께 춤을 출 수 없는 자,
끈으로 묶지 않으면 안 될 자,
매어진 자, 불구인 노인,
위선의 바보들,
명예나 도덕에 집착하는 바보들,
그들은 모두 우리의 낙원에서 사라져라!

공기 중의 먼지를 휘몰아
모든 병자의 콧속으로 불어넣어,
병자들을 몰아내자!
일체의 해안을
메마른 가슴의 숨결에서 해방시키고,
용기가 꺾인 눈에서 해방시키자!

하늘을 흐리게 하는 것을 몰아내자,
세상을 어둡게 하는 것, 구름을 밀어내는 것을 몰아내자,
그리하여 하늘 나라를 맑게 만들자!

전진하자…… 오, 모든 자유인의
정신이여, 너와 둘이서
나의 행복은, 폭풍처럼 전진한다.

──그리하여, 이 행복한 기억이
영원하기 위해서 그 유산을 받아라,
여기 이 화관을 높이 들어라!
이것을 보다 높게, 보다 멀리, 더 멀리 던져라,
하늘의 사다리로 달려서 올라가,
그 화관을 걸어라──별들에 높이!

친구들 사이에서
—— 하나의 에필로그

　　　　1
서로 침묵을 지키는 것은 좋은 일이며
서로 마주 보고 웃는 것은 훨씬 더 좋은 일이다——
비단결 같은 천상의 장막 아래서
이끼와 책에 몸을 누이고
흔쾌히 벗들과 소리내어 웃는 것은,
하얀 치아를 서로 내보이는 것은.

내가 잘하면 우린 침묵할 것이며
내가 실수하면—— 우린 웃으리라.
더욱 서투르게 더욱 심하게 웃으리라.
우리가 묘혈 안으로 들어갈 때까지.

친구들이여! 그렇지! 그래야만 하는가?
아멘! 그리고 안녕!

　　　　2
변명도 하지 않으리! 용서도 빌지 않으리!
그대들, 마음으로 즐기고 마음이 자유로운 이들이여,
이 부조리한 책에 대하여
귀와 가슴을 내맡기고, 잠시 머물러라!
나를 믿어 다오, 벗들이여!

나의 부조리는 저주가 되지는 않으리!

내가 찾고 원하는 것은 ——
그것은 지금까지 어느 책에든 기록된 일이 있느뇨?
내 안에 자리한 광대 패거리를 존경하라!
이 광대의 책에서 배워라,
어떻게 이성(理性)이 찾아오는지를 ——
"이성에 이르게 되는지"를!

그럼 친구들이여, 그래야만 되는가? ——
아멘! 그리고 안녕!

가을의 수목

내가 조용히 눈감고 서 있었을 때
그대들 야인이 나를 얼마나 흔들어댔던가!
나의 놀라움이 얼마나 격렬했던지
—— 나의 꿈, 내 황금의 꿈이 자취도 없이 사라졌다.
커다란 입을 가진 주접스런 그대들,
공손히 먼저 문을 두드릴 수도 있었을 텐데,
나는 깜짝 놀라 그대들 머리 위로
금빛으로 익은 과일의 열쇠를 던져버렸다.

높은 산에서

오, 생명의 정오, 장엄한 시간이여!
　　오, 여름의 정원이여!
머물며 눈치 보며 기다리는 불안의 행복감 ——
낮이나 밤이나 나는 친구들을 기다린다.
친구들이여 어디에 있는가? 어서 오게나
지금 이때, 바로 지금 때가 되었다!

잿빛 빙하가 오늘 장미로 뒤덮인 것은
　　너희들을 환영하기 위함이 아니었던가?
실개천도 너희들을 그리며 그리움에 차서 솟아올랐다.
바람도 구름도 너희들 있는 곳을 더듬어
푸른 하늘로 더 높이 새처럼 날아올랐다.

산봉우리에는 너희들을 위한 나의 식탁이 마련되었다
　　누가 별들에게 그렇게 가까이 살고 있을까?
누가 심연의 무서운 깊이 속에?
나의 왕국 —— 어느 왕국이 이보다 넓단 말인가?
나의 벌꿀 —— 누가 그 맛을 보았던가……?

—— 벗들이여! 너희들이 왔구나 —— 그런데 슬프다.
너희들이 찾는 것은 내가 아니다!
너희들은 주저하고 놀라 어쩔 줄 모른다.

나는—— 이제 너희들이 바라던 내가 아니란 말인가?
손도 걸음걸이도 얼굴도 바뀌었단 말이냐?
아, 차라리 원망이라도 해 준다면!
그러면 나는 누구인가, 너희들 벗들이여—— 내가 아니
란 말인가?

나는 다른 인간이 되었는가? 내가 보아도 낯선 내가?
　　내 자신으로부터 다시 태어난 것인가?
　　스스로를 이겨낸 격투사가 되었는가?
자기 힘에 맞서서
자신의 승리에 의해 상처 입고, 저지당한 자가 된 것인
가?

살을 에는 듯한 바람 부는 곳을 찾던 나였던가?
　　나는 사는 것을 배웠노라.
이 황량한 북극에 사는 법을,
인간과 신, 기도와 저주를 잊어버리고
빙하를 건너는 망령이 된 것일까?

—— 오랜 벗들이여! 보라! 이제 너희들은
사랑과 무서움에 파랗게 질려 나를 바라본다.
가거라, 화내지 말고! 이곳에서—— 너희들은 살 수가

없다.
　여기 지극히 먼 얼음과 바위의 나라,
　여기선 사냥꾼이 되고 영양처럼 되어야 살아남는다.

　나는 나쁜 사냥꾼이 되었다 —— 보라
　　나의 활줄이 얼마나 팽팽하게 당겨져 있는가를.
　그런 활줄을 당기는 사람은 명궁사였다.
　그러나 슬프게도 이 화살은 어떤 화살보다 위험하다.
　—— 여기를 떠나라, 너희들의 안전을 위하여……!

　너희들은 떠나갔는가? —— 오, 가슴이여! 너는 더할 수 없을 만큼
　　잘 견디어 냈도다.
　너의 소망은 완강하구나.
　새로운 벗들을 맞이하도록 너의 문을 열어라!
　옛 것을 버려라! 추억을 버려라!
　일찍이 너는 싱싱하였지만 지금은 —— 한층 더 싱싱하다!

　옛날에 우리를 결합시켰던 소망의 굴레 ——
　　일찍이 사랑을 기록했던 징표,
　지금은 퇴색한 그 징표를 누가 읽을 것인가?

양피지처럼 낡고 바래고
볕에 그을렸어라.

이미 벗들이 아닌 그들을 무엇이라 부를까
　　단지 벗이라는 탈을 쓴 망령들!
그들이 아직도 밤이면 나의 마음과 창문을 두드리며
나를 바라보고 말한다. "우린 그래도 옛 친구!"라고.
── 오, 한때는 장미처럼 향기로웠지만 지금은 시들어
버린 말이여!
　오, 스스로를 착각했던 젊은 날의 그리움이여!
　　내가 옛날에 그리워했던 친구들,
나와 혈연 관계이고 나와 더불어 변모해 가리라고 망상
했던
　젊은 날의 동경은 멀어져 갔다.
오직 변모하는 것만이 나와 혈연 관계이다.

오, 생명의 정오! 제2의 청춘이여!
　　오, 여름의 정원이여!
머물며 눈치 보며 기다리는 불안의 행복이여!
오랫동안 나는 밤낮으로 벗들을 기다린다.
새로운 벗들을! 오라! 지금 바로, 때가 되었도다!

이 노래는 끝났다 —— 동경의 감미로운 외침은
　　나의 입 안에서 죽었다.
마법사, 친구가, 제때에 온 것이다.
그 정오의 친구가 —— 아니 그가 누군지 묻지 마라 ——
때는 정오, 그때 하나가 둘이 되었다……

이제 하나로 맺어진 승리를 위해 축제를 하자,
　　축제 중의 축제를!
손님 중의 손님, 친구 차라투스트라가 왔도다.
이제 온 세상이 웃고 무서운 장막은 갈라졌다.
빛과 어둠의 혼례가 찾아온 것이다…….

적들 사이에
—— 집시의 격언에 의함

그곳에는 교수대, 이곳에는 목을 매는 밧줄과
형리의 빨간 수염,
독기 어린 시선을 품고 있는 주위의 관중들 ——
그런 것들은 내 삶의 방편에 있어서는 새로운 것이 아
니다.
그런 것은 파란의 삶을 살면서 잘 알고 있다,
그대들의 얼굴을 향해 웃음과 함께 소리쳐 주리라.
"내 목을 졸라도, 허사로다, 허사로다!
죽는다고? 내가 죽는다는 것은 있을 수 없는 일!"

그대들 걸인들아! 부럽겠지만
그대들이 결코 소유할 수 없는 —— 것이 내 것이 되었
단 말이다.
나는 핍박을 당하고 있지만, 비록 나는 핍박을 당하고
있지만 ——
그러나 그대들은 —— 그대들은 죽는다!
수백 번이나 죽음을 겪고 난 이제
나는 숨이요, 연기요, 빛이로다 ——
"내 목을 졸라도, 허사로다, 허사로다!
죽는다고? 내가 죽는다는 것은 있을 수 없는 일!"

• • •

* 집시의 격언을 후렴으로 썼음.

모든 영원한 샘

모든 영원한 샘은
영원히 샘솟는다.
신 자신은 —— 그는 이전에 시작한 것일까?
신 자신은 —— 그는 언제나 시작하고 있는 것일까?

남국의 음악

이제까지 나의 독수리가 간파한
모든 것이 이젠 나의 몫이다.
—— 설사 이미 많은 희망을 잃었어도 ——
그대의 소리가 화살처럼 나를 가로지른다.
하늘에서 나에게 쏟아져 내려와
귀와 오관을 기쁘게 하는 음향이여.

오, 남국으로 향하는
행복의 섬들로 향하는, 그리스의 님프 놀이로 향하는
선박의 열망을 그곳으로 향하게 하는 것을 망설이지 말
라
어떤 선박도 아직 이보다 더 아름다운 목표를 발견한
일은 없다.

세계는 머무르고 있지 않다

세계는 머무르고 있지 않다.
밤은 밝은 낮을 사랑한다——
“나는 원한다”라는 말은 귀에 아름답게 울리고,
“나를 좋아한다”라는 말은 더 아름답게 울린다.

온화한 사람

한 여인이 몹시 부끄러워하며
달빛 아래서 나에게 말했다.
"그대는 술을 마시지 않고도 그렇게 행복하다면
취해 있다면—— 얼마나 행복할까요?"

각운(脚韻)

웃는다는 것은 진지한 예술이다.
내일 내가 좀 더 잘 웃어야 한다면,
내게 말해 다오, 나는 오늘 잘 웃었는가?
불꽃은 언제나 가슴에서 나왔는가?
만약 가슴 속에서 총명이 번득이고 있지 않다면
머리는 농담을 이해하는 데 아무런 소용이 없다.

나의 출입문 위에

나는 내 자신의 집에 살면서
어떤 일이든지, 나는 결코 타인의 흉내는 내지 않았다.
그리고 —— 자기 자신을 비웃지 않는
모든 대가(大家)들을 나는 비웃는다.

독일운으로 된 서곡

1. 초대
나의 요리를 맛보라, 시식가들아!
내일이면 벌써 보다 맛이 있다고 생각되고
모레면 진정 맛이 있다고 여겨질 것이다.
더욱더 바란다면—— 나의 낡은
여러 기구는
갖가지 좋은 맛을 만들어 낼 것이다.

2. 나의 행복
구하는 일에 거의 탈진한 이후
나는 찾아내는 방법을 알아냈다.
바람이 나를 방해한 이후
나는 모든 바람을 타고 닻을 나가게 한다.

3. 두려움 없이
그대가 서 있는 곳을 깊숙이 파라!
그 아래에 근원의 샘이 있다.
어두운 사나이들이 외치게 하라.
"언제나 그 아래에는—— 지옥이 있다"라고.

4. 대담
A. 나는 아팠던가? 나는 나은 것인가?

그렇다면 나의 의사는 누구였던가?
어째서 나는 그 모든 것을 잊었던 것일까?

B. 이제야 나는 그대가 비로소 나았다고 믿는다.
왜냐하면 잊은 자는 건강한 것이니까.

5. 덕을 갖춘 이들에게
우리들의 덕에 관해서는, 두 발이 가볍게 쳐들어져야
한다.
호머의 시구와 같이, 그것들은 오고, 그리고 가야만 한다.

6. 세상의 지혜
평원에 머물지 말라!
너무 높이 오르지 말라!
세상은 반쯤 높은 곳에서
가장 아름답게 보인다.

7. 나와 더불어 가자, 그대와 더불어 가자
내가 하는 방식과 나의 말이 그대를 유혹하여
그대 나를 따르고, 내 뒤를 쫓는 것인가?
그대는 단지 그대 자신의 뒤를 성실히 뒤쫓으라 ——
그것으로 그대는 나를 따르는 것이 되는 것이다 —— 침

착해라! 차분해라!

　　8. 세 번째의 허물 벗기에 즈음하여
나의 껍질은 벌써 뒤틀어지고 부서진다.
상당히 많은 흙을 소화시켰는데,
이미 새로운 충동에 의해서
내 몸 속의 뱀은 흙을 원한다.
나는 굶주려서, 돌과 풀 사이를
꾸불꾸불 기어서는
항상 섭취하던 것을 먹으려고 한다.
그대를, 뱀의 양식을, 그대를, 흙을!

　　9. 나의 장미
그렇다! 나의 행복 —— 그것은 사람들을 행복하게 하려
한다 ——
모든 행복은 바로 행복하게 해 주려고 원한다!
그대들은 나의 장미를 꺾기를 바라는가?

그대들은 바위와 가시나무 덤불 사이에
몸을 숙이고 몸을 숨기고
종종 손가락을 핥고 있어야 한다.

왜냐하면 나의 행복은 —— 야유를 좋아하니까!
왜냐하면 나의 행복은 —— 계략을 좋아하니까!
그대들은 나의 장미를 꺾기를 바라는가?

10. 경멸하는 사람
나는 많은 것을 떨어지게 하고 구르게 했다.
그리하여 그대들은 나를 경멸자라고 이름 지었다.
지나치게 넘치는 술잔들로 마시는 자는,
많이 떨어지게 하고 구르게 한다 ——
그렇다 해도 그 포도주가 더 나쁜 것이라고 생각하지는
않는다.

11. 속담에 말하다
날카로우면서 부드럽고, 거칠면서 섬세하고,
친숙하면서 진기하고, 타락하면서 순결하고,
바보들과 현자들의 밀회.
나는 이 모든 것이며, 그렇게 되려고 한다.
비둘기인 동시에 뱀이면서 돼지이고 싶다.

12. 어느 개화론자에게
그대는 눈과 오관을 피곤하게 만들고 싶지 않거든,
태양을 향해서 그늘에서도 달려라!

13. 무용수를 위하여

미끄러운 얼음
그것은 패러다이스이다.
춤을 잘 출 수 있는 사람에게는.

14. 정직한 사람

아교로 붙여진 친절보다는
차라리 전체가 나무로 만들어진 적개심이 낫다.

15. 녹

녹도 역시 필요하다. 예리한 것이 충분한 것은 아니다!
그렇잖으면 사람들은 그대에 관해 항상 "그는 너무 젊
다"라고 말한다.

16. 위쪽으로

"어떻게 해야 나는 산에 가장 잘 오를 수 있는가?"——
단지 오르기만 하라, 그것에 대해 생각하지 말고!

17. 폭력 인간의 말

결코 말아라! 이 우는 소리는 그만두어라!
빼앗아라! 그대에게 바란다, 늘 빼앗아라!

18. 빈약한 영혼들

빈약한 영혼들을 나는 증오한다.

거기에는 선한 것도 악한 것도 거의 없다.

19. 자유 의사가 아닌 유혹자

그는 기분풀이를 위하여 공허한 말을, 창공을 향하여,

외쳐댄다 —— 그런데 그 위로 한 여자가 떨어졌다.

20. 숙고(熟考)를 위하여

이중의 고통은 하나의 고통보다는

참아내기가 쉽다. 그대는 감히 그것을 해 보려는가?

21. 허영심에 반(反)하여

우쭐대지 말라. 그렇지 않으면 하나의 작은 찌름이 너를

터져버리게 할 것이다.

22. 사내와 계집

"그대 마음이 감동하는 계집이면, 빼앗아서 가져라!"——

사내는 이렇게 생각한다. 계집은 빼앗지 않고 훔친다.

23. 해석

나는 내 자신을 해석하게 되면, 나는 내 자신을 밖에

내놓지 못하고 안에다 둔다.

나는 내 자신의 해석자가 될 수는 없다.

그러나 자기 자신의 길을 걷고 있는 사람이 있다면, 그만은

내 모습까지도 보다 밝은 빛으로 가져갈 수가 있다.

24. 비관주의자의 약

그대는, 그대 구미에 맞는 것이 전혀 없다고 비관하는가?

아직 여전히, 친구여, 그 낡은 변덕심을 지니고 있는가?

나는 그대가 비방하고, 외치고, 침 뱉는 소리를 듣고 있다——

그때에 나의 인내와 나의 마음은 산산이 부서진다.

내 말에 따르라, 나의 친구여, 자유롭게 결심하여,

한 마리 살찐 두꺼비를 삼켜라,

재빨리 그리고 쳐다보지도 말고서!

그것은 그대 소화 불량에 도움이 될 것이다.

25. 소원

나는 많은 사람들의 마음을 알고 있지만

나 자신이 무엇인지는 알지 못한다.

내 눈은 나에게는 너무 가깝다——

나는, 내가 보고 있는 것, 보고 있던 것이 아니다.
나는 내 자신과 좀 더 떨어져서 앉을 수 있다면
내게는 좀 더 유익했을 것이다.
그러나, 적(敵)만큼 떨어져 있지를 않다!
가장 가까운 친구가 이미 너무나 멀리 떨어져 있는 것
이다——
그러나 그 친구와 나 사이엔 중앙선이 가로놓여 있구나!
내가 무엇을 원하는지 그대들은 알아맞힐 수 있겠는가?

26. 나의 단단함

나는 수많은 계단을 넘어 떠나가야만 한다.
나는 높이 솟아 그대들의 외침을 들어야 한다.
“그대는 단단하구나! 우리는 돌로 만들어진 것인가?”
나는 수많은 계단을 넘어 떠나가야만 한다.
그런데 아무도 계단이기를 원하지 않는다.

27. 방랑자

“길은 이미 없다! 주위는 심연과 죽음의 고요뿐이다!”
그대가 그토록 원한 것이다. 그대의 의지가 길을 피한
것이다.
지금이 중요한 시기다, 방랑자여! 이제 냉철히 바라보라!
그대는 파멸이다——만일 위험하다고 믿는다면.

28. 초심자를 위한 위안

돼지들이 둘레에서 꿀꿀대는, 한가운데의 어린이를 보아라.

어쩔 줄 모르며, 흉물스런 발가락을 가진!

울 수는 있다, 우는 것 외에는 그 무엇도 할 수 없다——

그 아이가 언젠가 서는 것과 걷는 것을 배울까?

두려워 말라!

그대들은 곧 어린애의 춤추는 모습을 보리라!

그 어린이는 먼저 두 다리로 서게 되면

그 어린이는 또한 머리로 물구나무도 설 것이다.

29. 별들의 이기주의

굴림통으로서의 내가

내 자신을 위하여 쉬임없이 돌지 않았더라면,

불타는 태양을 뒤쫓아 돌면서,

불붙지 않고서, 내가 어떻게 견디어냈겠는가?

30. 가장 가까운 사람

나는 가장 가까운 사람을 내 근처에 두고 싶지 않다.

그것은 아주 높고 먼 곳으로 떠나가라!

그렇잖으면 그것이 어떻게 나의 별에 이를 수 있겠는가?

31. 복면의 성자(聖者)

그대의 행복이 우리를 짓누르지 않도록
그대는 악마의 책략을 몸에 지니고,
악마의 지혜와 악마의 옷을 걸쳤다.
그러나 허사로다! 그대의 눈길에서는
신성한 것이 나타나 보인다!

32. 노예

A. 그는 서서 귀를 기울이고 있다 : 무엇이 그를 방황케
할 수 있는가?
무엇이 그의 귓전에서 윙윙대는지 듣고 있는가?
그를 때려눕힌 것은 무엇이었는가?
B. 옛날 쇠사슬에 묶였던 모든 이와 같이
그는 곳곳에서 듣고 있다 —— 쇠사슬의 찰카닥거리는
소리를.

33. 고독자

뒤따르는 것과 이끄는 것이 나에게는 증오스럽다.
순종하라고? 아니야! 다스리는 것! 그것도 싫다.
스스로 두려워할 줄 모르는 자는 남에게 두려움을 줄
수 없다.
더불어 두려움을 줄 수 있는 자만이 남을 이끌 수 있다.

내 자신을 이끄는 일은 이미 증오스러운 짓이다!
숲 속의 짐승이나 바다의 짐승처럼
얼마 동안 자신을 망각함을 나는 사랑한다.
애교 있는 오류로 골똘히 사색하며 쪼그려 앉아서,
먼 곳에서 마침내 나를 고향으로 유혹해서는,
내 자신을 내 자신에게로 —— 유혹하기 위하여.

34. 세네카와 그의 자서전

그의 참기 힘든, 현명한 어리석음이 그것을 쓰고 또 쓴다.
"먼저 쓰고, 그러고서 철학하다"가 긴요한 것인 것처럼.

35. 얼음

그렇다! 나는 때때로 얼음을 만든다.
얼음은 소화시키는 데에 유용하다!
그대들이 소화시킬 것을 많이 소유하고 있다면,
오오, 그대들은 내 얼음을 사랑할 텐데!

36. 젊은 시절에 쓴 책들

나의 지혜의 핵심은
이 책들에서 : 나는 무엇을 들었지!
이제 내겐 더이상 그렇게 들리고 있지 않다,
오직 영원히 이어지는 내 청춘의 아아, 오오뿐!

그 소리를 나는 아직도 듣고 있다.

37. 조심

저 지방에서는 지금, 함부로 여행할 수가 없다.
그대가 예지를 가졌으면 두 배로 조심!
그대가 갈가리 찢길 때까지 유혹당하고 사랑받게 된다.
그들은 열광자들 —— 그곳에는 항상 예지력이 부족하다.

38. 경건한 자가 말하다

신은, 그가 우리를 창조했으므로, 우리를 사랑한다!
그 말에 대하여, 그대들 예민한 자들은
"인간이 신을 창조했다"고 말한다.
그가 창조한 것을 사랑하지 말라는 말인가?
심지어, 그가 창조했기 때문에 부정하란 말인가?
그것은 절뚝거리며 악마의 발굽을 달고 있다.

39. 여름에

우리는 땀을 흘리면서
우리들의 빵을 먹어야 하는가?
땀을 흘리며, 사람들은 아무것도 즐겨 먹지 않는다,
현명한 의사들의 진단에 따라서.
시리우스별이 신호를 보내고 있다. 무엇이 부족한가?

그의 습기 찬 신호는, 무엇을 원하는가?
우리는 얼굴에 땀을 흘리면서
술을 마셔야 한다!

40. 질투 없이

그렇다, 그는 질투 없이 보고 있다. 그 때문에 그대들은
그를 존경하는가?
그는 그대들의 존경 따위는 돌아보지 않는다.
그는 먼 곳을 주시하는 독수리의 눈을 갖고 있다.
그는 그대들을 보지 않는다!── 오직 별들만을 볼 뿐
이다.

41. 헤라클레이토스 주의(主義)

친구들이여, 지상의 모든 행복은
투쟁의 선물이다!
그렇다, 친구가 되기 위해서는
화약의 연기가 있어야 한다!
친구란 삼위 일체로서,
어려움 앞에서의 형제애,
적 앞에서의 평등,
죽음에 이르러서── 자유로운 몸!

42. 너무 섬세한 자들의 기본 원칙

네 발로 기기보다는
차라리 발끝으로 살금살금!
활짝 열린 문짝을 통해서보다는
차라리 열쇠 구멍을 통해서!

43. 격려의 말

그대는 그 의미를 명상에다 돌렸는가?
그러고는 다음의 교훈에 따르는가
제때에, 명예를 자유로이
포기하라!

44. 철저한 사람

내가 탐구자라고? 오오, 이 말을 쓰는 것은 자중하라!
나는 단지 무거울 뿐—— 너무 무거운 것이다!
나는 넘어져서, 줄곧 넘어져서는
끝내는 바닥 위에 쓰러진다.

45. 영원히

‘오늘 나는, 오늘이 나에게 이롭기 때문에 오는 것이다’
영원히 온 자는 누구나 그렇게 생각한다.
‘그대는 너무 일찍 온 것이다. 그대는 너무 늦게 온 것

이다'
세상의 이런 말들이 그에게 무슨 싸움거리겠는가?

46. 지친 자들의 판단
모든 지친 자들은 태양을 저주한다.
수목들의 가치는 그들에게는 —— 그늘이다!

47. 몰락
"그는 이제 가라앉는다, 쓰러진다" —— 그대들은 간혹
비웃는다.
그러나 실은 그는 그대들에게로 내려가고 있는 것이다!

그의 과분한 행복이, 그의 불행이 된 것이다,
그의 너무 밝은 빛이 그대들의 어둠의 뒤를 쫓고 있다.

48. 제 법칙에 맞서서
오늘부터는, 질긴 끈으로,
나의 목에 시계가 매달린다.
오늘부터는 별들의 운행,
태양, 닭이 우는 시간, 그림자 따위는 모두 멎는다.
이제까지 나에게 시간을 알리고 있던 것은,
이제는 침묵 속에서, 아무것도 듣지도 보지도 못한다 ——

법칙과 시계의 재깍거리는 소리가 날 때에는
일체의 자연은 나에 대하여 침묵을 지킨다.

49. 현자는 말한다
민중에 대해서 낯설지만, 민중에게 이롭게,
　나는 나의 길을 가고 있다, 또는 태양으로, 또는 구름으
로서——
　그리고 항상 이 민중의 위를!

50. 머리를 잃고서
그녀는 지금 지력(智力)을 지니고 있다——그녀는 어떻
게 그것을 찾았을까?
한 남자가, 최근에 그녀로 인해 지성을 잃었다.
그의 머리는 이 기분풀이에 대해서는 넉넉했다.
그의 머리는 악마에게 갔다——아니! 아니! 계집에게로!

51. 헛된 소원들
"모든 열쇠여, 부디
날아가듯이 사라져 다오,
또한, 모든 열쇠 구멍에
걸쇠가 잘 맞아서, 돌아 다오!
언제나 이렇게 생각하는 법이다.

걸쇠인 인간은 —— 누구나가.

52. 발로써 글 쓰다
나는 손으로만 글을 쓰는 것이 아니다.
발이 언제나, 나의 쓰는 역할을 하려고 한다.
확실하게, 자유롭게, 용감하게 나의 발은
혹은 들판을, 혹은 종이 위를 쉬임없이 달린다.

53. 《인간적인, 너무나 인간적인》 한 권의 책
그대는 자신을 신뢰하듯이, 미래를 신뢰하면서,
뒤쪽을 바라보는 동안, 우울하게 수줍다.
오오, 한 마리 새여, 나는 그대를 독수리과에 넣을까?
그대는 미네르바의 연인 부엉이인가?

54. 나의 독자에게
좋은 치아와 튼튼한 위장
이 두 가지를 나는 그대를 위하여 기원한다!
그리고 만일 그대가 내 책을 견디어 낸다면,
그대는 분명 나와 좋은 사이가 될 것이다!

55. 사실주의 화가
"자연에 충실하게, 또한 꼭 그대로!"

──그는 그것을 어떻게 시작하는가.
일찍이 자연은 그림 속에서 언제 처리되었던가?
"이 세상의 가장 작은 부분은 무한한 것이다!"
그는 마지막으로, 마음에 드는 것을 그리고 있다.
그리고 무엇이 그의 마음에 들까? 그가 그릴 수 있는
것!

56. 시인의 허영

나에게는, 아교만을 달라. 왜냐하면 아교를 위해서.
나는 이미 나무를 찾고 있다!
네 개의 의미 없는 운(韻)에다 의미를 두는 것은──그
것은 작은 자만심이 아니다!

57. 까다로운 취미

만약 자유롭게, 나로 하여 선택하게 한다면,
나는 기꺼이, 낙원의 한가운데서,
하나의 작은 곳을 선택하리라.
아니 보다 기꺼이──낙원의 문 앞에서!

58. 구부러진 코

코는 도전적으로 육지를
지켜본다, 콧구멍은 부풀어오른다──

그리하여 그대는 쓰러진다, 뿔이 없는 물소,
나의 자랑스런 난쟁이여, 줄기차게 앞으로!
그리고 그것은 항상 함께 있다.
꼿꼿한 자만심, 구부러진 코.

59. 펜이 끄적거린다

펜이 끄적거린다. 그것은 지옥이다!
끄적거려야만 하는 것이 나의 운명인가?
그리하여, 대담하게 잉크 병을 움켜쥐고,
아주 굵직하게, 잉크의 흐름으로 글자를 쓴다.
참으로 흠뻑, 굵직이 흐르는구나!
내겐 진정 생각처럼 모든 일이 잘 되어가는도다!
물론 글자에는 명료함이 결여되어 있긴 하지만——
그것이 어떻다는 건가? 내가 쓴 것을, 대체 누가 읽겠
는가?

60. 보다 높은 인간들

그는 위로 오른다 —— 그를 찬양해야 한다!
그러나 저 사람은 언제나 위에서 내려온다!
그는 그 칭찬 자체에는 해방되어 살아가고 있다.
그는 저 위에서 온 사람이다.

61. 회의론자는 말한다

그대의 인생은 절반이 지나갔다,
시계 바늘은 빠르고, 그대의 영혼은 전율스럽도다!
오랫동안, 영혼은 이미 방황하고 있으며,
찾고 있으나 발견한 것은 없다 —— 영혼은 여기에서 주
춤거리고 있는가?

그대의 인생은, 절반이 지나갔다.
고통과 오류가 있었다, 시시각각으로 여기에 있었다!
그대는, 아직도 무엇을 찾고 있는가? 어째서?——
바로 이것을 찾고 있는 것이다 —— 그것에 대한 원인과
이유를!

62. 이 사람을 보라

그렇다! 나는, 나의 태생을 알고 있다!
불꽃처럼 싫증내지 않고 작열하여선,
나는 자신을 먹어치우는 것이다.
내가 움켜잡은 것은 모두 빛이 되고
내가 버리는 것은 모두 숯이 된다.
나는 분명 불꽃이다.

63. 별들의 모랄

별의 궤도를 돌도록 정해진
별이여, 그대에게는 암흑이 무슨 관계가 있는가?

이 시대를 꿰뚫고, 행복하게 굴러가라!
그의 비참함은, 그대와는 상관없이 멀리 있으라!

그대의 빛은 가장 먼 세계의 것이다!
동정은, 그대에게 있어서는 죄악이다!

오직 하나의 명령이 그대에게 맞는다 : "순수하라!"

—— 1882

테오크리토스¹⁾풍(風)의 양치기 노래

나는 누워 있다. 배가 아파서——
빈대가 내 온 몸을 물어뜯는다.
저쪽에서는 지금까지 빛과 소음!
그들이 춤추는 소리가 들려온다……

그 여인은 이 시간에
살며시 나에게로 오겠다고 했다.
나는 개처럼 기다리고 있다——
그런데 아무 연락도 없다.

그녀가 약속했을 때 십자를 그었을 텐데?
어떻게 거짓 약속을 할 수 있는가?
—— 아니면 아무 사내나 따라갔을까,
나의 양들처럼.

그녀의 비단옷은 어디에서 생겼을까?——
아아, 그 거만한 여인이?
이 숲에는
나 외에도 많은 숫산양이 산단 말인가?

＊＊＊

1) 고대 그리스의 전원 시인.

──완전히 반해서 기다리는 것,
그것은 얼마나 애매모호하고 원한을 품게 되는 것인가!
그래서 찌는 듯 무더운 밤에는,
독버섯이 정원에 갑자기 생긴다.

사랑은 내 몸을 좀먹는다,
재난의 연속처럼──
아무것도 먹고 싶지 않다.
그대, 양파들이여, 당장 사라져라!

달은 이미 바다에 침몰하고,
별은 모두 지칠 대로 지쳐,
여명이 밝아온다──
나는 기꺼이 죽고 싶다.

시인의 사명

기분을 상쾌히 하고자, 내가 어릴 적
짙은 나무 그늘 아래 앉아 있을 때에,
나는 똑딱이는 소리, 나지막한 그 소리를 들었다.
우아하게, 리듬과 절도에 맞춰 나는 듯한 소리.
나는 화가 나서, 얼굴을 찡그렸다 ──
하지만 마침내 그것에 굴복해서,
마치 시인인 듯이
똑딱이는 소리에 맞춰 말하게 되었다.

그리하여 시를 짓노라면
절절이 조급한 마음만 앞선다.
갑자기 웃지 않을 수 없었다.
한참씩이나 웃지 않을 수 없었다.
그대가 시인이라고? 그대가 시인이라고?
그 정도로 그대의 머리가 나쁜가?
── "그래요, 주인어른, 당신은 시인입니다." 하면서
딱따구리가 어깨를 으쓱인다.

나는 이 수풀 속에서 무엇을 고대하고 있는가?
나 도적은 이곳에 숨어서 누구를 노리고 있는가?
그건 하나의 주문인가? 형상인가? 찰나적으로
나의 운(韻)은 그것을 뒤쫓는다.

미끄러지기만 하는, 껑충껑충 뛰기만 하는 것을,
시인은 꼭 찔러 시구로 만든다.
── "그래요, 주인어른, 당신은 시인입니다." 하면서
딱따구리가 어깨를 으쓱인다.

운이란 화살과 같은 것일까, 하고 나는 생각한다.
화살이 창부의 고귀한 부위를
뚫고 들어가면
버둥거리고 떨며 튀어오르는 모습이란!
아아, 가련한 처녀야, 그로 인해 그대는 죽거나,
혹은 취한 듯이 비틀거린다!
── "그래요, 주인어른, 당신은 시인입니다." 하면서
딱따구리가 어깨를 으쓱인다.

서두름으로 가득 찬 기우뚱한 경구(警句)들이여,
취한 낱말들이여, 왜 재촉하는가!
마침내 그대들 모두는, 낱낱이
똑똑 사슬에 꿰이는구나!
그리고 잔인한 족속이 있다.
이것은 ── 즐거운가? 시인들은 ── 나쁜가?
── "그래요, 주인어른, 당신은 시인입니다." 하면서
딱따구리는 어깨를 으쓱인다.

새여, 그대는 비웃는가? 조롱하려는가?
내 머리가 벌써 나빠졌다고?
내 마음은 더욱 나쁘다고?
두려워하라, 내 분노를 두려워하라!──
그러나 시인은 ── 그는 운을
옳건 그르건 분노할 때조차도 엮어낸다.
── "그래요, 주인어른, 당신은 시인입니다." 하면서
딱따구리가 어깨를 으쓱인다.

사랑의 고백
—— 사랑을 고백할 때, 시인은 묘혈에 떨어졌다

오 놀라운 기적! 그는 아직도 날고 있는가?
하늘 높이 오르면서, 날개는 정지하고 있는 것인가?
　무엇이 그를 솟아오르게 하고, 떠받치고 있는 걸까?
지금 그가 가려는 곳은 어딘가, 그 나는 길은, 그를 억누
르고 있는 것은 무엇일까?

　별처럼 또한 영원처럼,
지금 그는 생명에서 벗어난 것과 같은 높은 곳에 산다.
　다른 이의 시기마저 가련히 여기는 양 ——
또한, 단지 떠도는 것 같아도, 하늘 높이 날아간 것이다.

　오, 신천옹(信天翁)이여!
영원의 충동에 의하여, 나도 높은 곳을 목표로 삼고 있다,
　나는 그대를 생각했다. 그러자 눈물이 쉴새없이
흘렀다 —— 그렇다 나는 그대를 사랑한다.

부 록

해설 / 연보

니체 시집

니체의 생애와 시세계

독일의 철학자이자 시인인 니체(Friedrich Wilhelm Nietzsche)는 1844년 라이프치히 교외의 한 작은 도시인 뤼첸의 뢰켄에서 아버지 카를 루드비히와 어머니 프란체스카 욀러 사이에서 장남으로 태어났다.

그의 아버지는 전통적인 목사의 가문에서 태어났으며 자신도 또한 목사가 되었고 그의 어머니도 목사의 딸이었다.

그러나 3월 혁명 직후인 1848년 니체가 5살이 되던 해, 갑자기 아버지가 쓰러져 세상을 떠나고 할머니의 가정에서 어머니에 의해 양육된다.

1864년 본(Bon)대학에서 신학을 공부하지만 별 도움이 되지 않는다는 생각으로 고전 문헌학 교수인 리츨을 따라 라이프치히로 옮긴 후 그리스 문헌학을 연구하기 시작한다. 그리고 이때 우연히 헌 책방에서 《의지와 표상으로서의 세계》라는 쇼펜하우어의 작품을 접하게 되었는데 큰 감명을 받고 그에 심취하게 된다.

1868년 그는 또 바그너와 만나게 되는데 그의 누이인 오틸리에는 라이프치히대학의 교수 부인이었기 때문에 바그너가 라이프치히에 오자 그들은 곧 만날 수 있었다. 이때부터 쇼펜하우어를 사이에 둔 그들의 만남은 지속되었다.

1869년 25세라는 젊은 나이에 리츨의 소개로 스위스 바젤대학 고전 문헌학 교수로 임명되었으나 곧이어 일어난 보불전쟁에 종군, 끝내는 병으로 귀환하고 말았다.

1872년 처녀작 《비극의 탄생》을 발표하지만 긍정적으로 평가한 사람은 바그너를 비롯한 주변 사람들뿐이었다.

그러나 그는 계속 《반시대적 고찰》과 《인간적인, 너무나 인간적인》을 발표해 쇼펜하우어, 바그너와 결별한다.

40세 이후의 니체는 제네바·라이프치히·실스 마리아 등을 떠도는 방랑 생활을 했다.

그 무렵 1883년 휴양차 떠난 로마에서 독일계 러시아 장군의 가문에서 태어난 루 살로메를 만나게 된다. 그녀는 매우 지적이며 매력적이었다. 니체는 루에게 첫눈에 반해 버린다. 그러나 후일 루는 리팅겐대학의 안드레아스와 결혼한다.

1889년 투리노에서 정신착란증에 빠진 니체는 다시는 맑은 정신으로 되돌아오지 못했다. 그는 결국 1897년 세상을 떠났다.

키에르케고르와 함께 실존주의의 선구자인 그는

서정시인으로도 격조 높은 시편을 남기기도 했는데
저서로는 《인간적이, 너무나 인간적인》, 《권력에의 의
지》, 《차라투스트라는 이렇게 말했다》 등이 있다.

1844　10월 15일 독일의 교외 뢰켄에서 목사인 아버지 카를 루드비히와 어머니 프란체스카 욀러의 장남으로 태어남.

1849　아버지 사망.

1858　나움부르크 근교의 슐포르타고등학교에 재학. 인도학의 태두가 된 푸울 도이센과 함께 수학함.

1864　본(Bon)대학에 입학. 신학과 고전 문헌학을 전공.

1865　라이프치히대학으로 옮김. 고전 문헌학의 연구에 몰두. 쇼펜하우어 철학을 알게 되고 바그너를 알게 됨.

1868　라이프치히에서 처음으로 리하르트 바그너를 만남.

1869　2월 리츨 교수의 소개로, 스위스 바젤대학 교수가 된 후 고전 문헌학을 강의함.

1870　보불전쟁에 종군하였으나 병에 걸려 바젤에 귀환. 이후에 편두통과 눈병으로 계속 고생함.

1872　《비극의 탄생》 출판.

1873　《반시대적 고찰》 제1편 《신앙 고백자로서의 저술가

다비트 프리드리히 슈트라우스》 출판. 단편 《그리
스 인의 비극 시대의 철학》이 씌어짐.

1874 《반시대적 고찰》 제2편 《생에 대한 역사의 이해》와
제3편 《교육자로서의 쇼펜하우어》 출판.

1875 《우리들의 문헌 학자들》 초고 집필. 8월 초, 오버벡
크와 로데와 함께 《니벨룽겐의 반지》의 오케스트
라 시연(試演)을 듣기 위하여 바이로이트에 체류.

1876 병으로 인하여 부속 김나지움의 강의 중지. 마틸
데 트람페다하에게 구혼했으나 거절당함. 《반시대
적 고찰》 제4편 《바이로이트에 있는 리하르틀 바
그너》 출판. 바그너에 대한 실망과 비판이 정점에
다다름. 심리학자 파울 레와의 친교 시작됨. 병이
악화되어 대학을 휴직하고 겨울에 파울 레와 말뷔
다 폰 마이젠부크와 함께 소렌트에서 체류.

1878 바그너에게 최후의 편지를 보냄. 《인간적인, 너무
나 인간적인》 출판.

1879 병으로 바젤대학 교수직을 사임.

1880 《방랑자와 그의 그림자》(후에 《인간적인, 너무나 인간
적인》 제2부가 됨) 출판. 페터 가스트와 함께 베네치
아 체류.

1881 《서광(曙光)》 출판. 여름 실스 마리아에서 체류. 그
이후 해마다 여름을 실스 마리아에서 지냄.

1882 루 살로메를 알다. 구혼하나 거절되다. 《유쾌한 지
식》 출판. 여름을 루 살로메, 파울 레와 함께 타우
텐부르크에서 보냄.

1883 《차라투스트라는 이렇게 말했다》 제1부 완성. 6월
출판. 바그너 사망. 여름에 실스 마리아에서 《차라

투스트라는 이렇게 말했다》 제2부 완성.

1884 니스에서 《차라투스트라는 이렇게 말했다》 제3부 완성. 하인리히 폰 슈타인이 실스 마리아로 니체를 방문.

1885 《차라투스트라는 이렇게 말했다》 제4부 완성.

1886 봄부터 여름까지 베네치아, 뮌헨, 나움부르크를 전전함. 라이프치히에서 에르빈 로데와 최후로 만남. 《선악의 피안》 자비 출판.

1887 살로메로부터 리팅겐대학의 안드레아스와 결혼한다는 통지를 받음. 《도덕의 계보학》 자비 출판.

1888 《바그너의 경우》 출간. 《디오니소스 송가》 완성. 《반그리스도교, 기독교 비판의 시도》를 완성(일체의 가치의 전환 제1부). 《니체 대 바그너, 한 심리학자의 공문서》 집필. 이 가운데 최후의 세 저서는 정신착란을 일으킨 뒤 다른 이의 손에 의하여 출판됨.

1889 토리노의 칼로 알베르토 광장에서 졸도. 발광 증세 보임. 오버벡크가 마중와서 바젤로 돌아감. 대학병원 정신과에 입원.

1897 어머니 사망. 누이와 함께 바이마르로 옮김.

1900 8월 25일 바이마르에서 사망. 고향인 뢰켄의 교회 묘지에 묻힘.

▌선영 마이북

❝ 잃어버린 꿈을
되찾을 수 있는 길을 아십니까?
감동적이고도 상쾌한 동화같은 이야기를 드립니다. ❞

『동화처럼 감동적인 이야기 모음』

비행기 고장으로 사막에 고립돼 있는 주인공 앞에 나타난 어린왕자의 행적을 통해 주옥같은 인생의 단편들을 엿볼 수 있는 작품.

생텍쥐페리 지음

조나단 리빙스턴이라는 갈매기를 통해 자기존재의 확인, 보이지 않는 세계에 대한 도전, 그리고 성취의 기쁨을 보여주는 작품.

리차드 버크 지음

레바논 태생의 시인이자 철학가이며 화가인 저자가 자신의 명상과 철학을 종합하여 인간과 결부된 모든 문제에 관해 저술한 명상록.

칼릴 지브란 지음

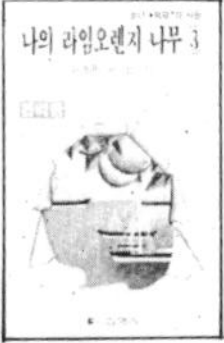

호기심 많고 감수성 예민한 다섯살짜리 소년 제제의 무한하고 순수한 상상의 세계를 엿볼 수 있는 감동적이고 아름다운 작품.

가난 속에서도 순수함을 잃지 않고 자신의 심장속에 들어앉아 있는 두꺼비 꾸루루에 의지해 외로움을 극복하는 제제의 꿋꿋한 용기.

어느덧 열아홉이 된 제제. 성인으로의 길목에서 방황하고 갈등하며 사랑과 우정을 거부하지 못하는 제제의 사춘기.

소년시절, 공작의 저택에 들어가본 주인공은 병상의 공녀 마리아를 만나 서로 마음이 이끌린다. 세월이 흐른 후, 둘은 재회하고 …

J.M.데 바스콘셀로스 지음

막스 뮐러 지음

감미로운 풍자로 느껴보는  인·생·과·사·랑·의·寓·話

선영우화시리즈

"피곤에 지친 몸과 슬픈 마음
으로 줄무늬 애벌레는 지난날 노
랑 애벌레와 자기가 뒹굴며 놀던
그 옛 풀밭으로 기어가 보았읍
니다."

"오래 전에 나무 한 그루가 있
었어요. 그리고 그 나무에겐 아
끼는 한 귀여운 소년이 있었죠.
그 소년은 매일이다시피 나무한
테 왔었어요."

"어느 날 잃어버린 한조각을
동그라미는 찾아나섭니다. 굴러
굴러 혼자서 콧노래도 불러요.
오! 나는 떠난 님을 찾아가네.
내 떠난 님은 어디 있을까?"

"잃어버린 한조각이 홀로 외
로이 앉아 있었어요. 어디엔가
데려다 줄 누구인가를 기다리면
서 꼭 맞는 것을 만나기는 했으
나 하지만 굴러갈 수는 없었죠.

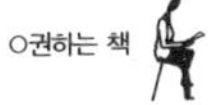

선영헤세전집

헤르만 헤세 지음 / 김기태 옮김

A5신 / 320면 내외

1. 싯달타	인간이 신이 되려면 비약과 모순의 비밀이 수반되지 않으면 안된다는 체험에의 고백을 파계 행각과도 같은 일생의 방황을 통하여 깊이 전해주는 작품.
2. 크눌프	〈향수〉〈대리석 공장〉이 함께 실려있는 이 작품은 영원한 유랑자 크눌프의 생애에 얽힌 세가지 이야기를 통해 생의 비애와 고뇌를 다루고 있다.
3. 수레바퀴 아래서	총명하지만 감수성이 예민한 내성적인 한 소년이 주위의 선망과 기대에도 불구하고 점차 퇴보의 나락에 빠져 급기야 죽음에 이른다는 작품.
4. 청춘은 아름다워라	아름다운 헬레네에 대한 사랑때문에 번민하는 주인공의 정신적 고뇌의 과정이 풋풋하고 향기로운 사랑내음을 전해주는 작품
5. 데미안	심약하고 내성적인 성격의 주인공과 신비로운 인물 데미안과의 숙명적인 만남을 그린 소설. 주인공은 그 만남을 통해 심오한 정신의 성숙을 이룬다.
6. 지와 사랑	神에 종사하는 나르지스와 美에 열중하는 골드문트, 두 인물의 일생을 통하여 개성적이면서도 합치되는 영혼의 영역을 보여주는 헤세의 역작.
7. 황야의 이리	하리 할라라는 괴이한 인물의 수기를 통하여 인류의 자폭적 전쟁행각과 물질만능주의에 대한 비판을 가한 관념적인 사상의 소설.
8. 유리알 유희	1946년 노벨문학상 수상작인 이 작품은 정신적 유희의 명인 요제프 크네히트의 삶을 통해 정신적 권위회복의 필요성을 시사해주고 있다.
9. 창문너머 밤이라는 나라	헤르만 헤세의 우정과 사랑, 인생, 고독과 방황이 담긴 서간문과 수필을 모아 엮은 책. 그의 주옥같은 언어는 우리를 순수의 원천으로 끌어당기고 있다.

선택된 인간

토마스 만 지음／이남수 옮김

노벨문학상을 수상한 토마스 만이 기독교에서 엄청난 죄악으로 다루는 이중 근친 상간을 통해서 신의 은사를 받게 되는, 선택된 인간이 되는 과정을 다룬 작품이다. 죄악에 대해서 철저히 속죄하려는 의지, 죄를 자각함으로써 죄인은 자기 자신을 헤아릴 수 있고 그 죄악을 통해서 인간은 더욱 고귀하게 될 수 있음을 보여 준다.

마름풀꽃 연가

경요 지음／황병국 옮김

경요 특유의 풍부한 감각과 섬세한 문장으로 남녀간의 애정문제를 주제로써 각자 가정을 이룬 남녀가 그 가정의 테두리에서 벗어나 불륜의 관계를 맺음으로 비극적 인 파국을 맞는다는 내용이다. 그들의 사랑은 진정한 사랑을 느끼지 못하는 현대 를 살아가는 사람들에게는 새로운 인생관과 애정관에 신선한 충격을 줄 것이다.

소설 주역 1.2.

김화수 지음

국내 최초로 주역을 소설화해 좀더 쉽고 재미있게 64괘에 담겨진 화친과 질투, 반 목과 화합, 추방과 환대, 멸망과 성공 등 수많은 이야기가 흥미진진하게 펼쳐 진다. 그동안 자신의 운수를 막연히 역술가에게만 의존하던 것을 스스로 분석해 자신의 길을 판단하여 개척해 나갈 수 있다. 64괘가 펼쳐내는 이상적 삶과 정연한 철학 속에 모든 인생이 있다.

제2의 성 1.2.3.

시몬드 보부아르 지음

프랑스의 여권론자이며 자유주의자인 전세계 여성들의 대모 시몬드 보부아르. 그 녀는 여성들의 일반적인 운명 즉 남자들의 경제적·사회적 지위 아래 놓이게 되는 전통적인 여자의 숙명을 세밀하게 그려 놓았다. 단지 여자라는 이유만으로 강요되 는 생활과 속박당하는 그들의 문제를 철저히 파헤쳐 스스로 자각하도록 한다.

투명한 유리알 속 이야기

선영교양선서

탈무드 / 마빈 토케이어 · 이창일

을 걸어온 유대인의 숨은 저력은 무엇일까? 그러한 강인한 정신력은 선민사상으로 굳게 다져진 그들의 신앙심과 바로 이 탈무드에서 기인한 것이다. 탈무드는 유대인의 넋이요, 유대인의 5천 년의 전통이라 할 수 있다. 탈무드를 제대로 이해하게 되는 것은 곧 깊이 있는 정신세계와 지혜로운 삶을 영위하게 된다.

사랑의 기술
에리히 프롬 / 이정애

가장 고귀하고 숭고한 감정인 사랑! 그 사랑의 아름다운 생명력 유지를 위해 우리는 어떻게 행동해야 하는가? 각자 자기의 인성을 최고도로 개발하여 생산적인 방향으로 이끌지 않는다면 사랑에 대한 모든 노력이나 겸손, 용기없이는 개인적인 사랑의 만족도 거짓에 불과하다고 에리히 프롬은 이 작품에서 밝히고 있다.

소크라테스의 변명 / 플라톤 · 김정애

을 이루고 있는 소크라테스의 수제음의 과정을 통해 그의 위대한 사인이야기. 인간존재와 관련된 모든 해답을 내릴 수 없었던 그의 빛나는 예지와 신념과 정열을 엿볼 수 있다. 오늘날까지 전인류 사상의 주춧돌 자였던 플라톤이 스승의 억울한 죽상과 진실된 인간성을 기린 감동적 문제에 대해 가장이성적이고 진실된

미치도록 시린 아침은 가뿐 호흡이어라
오쇼 라즈니쉬 / 윤시원

인간의 내면 심리를 깊이 파헤치는 새로운 사고방식을 소개한 라즈니쉬는 명상을 통해 인간의 참모습을 찾을 수 있다고 주장했다. 이 책은 그의 정신세계와 종교관을 잘 나타내주고 있다.

물도 없고 달도 없다 / 오쇼 라즈니쉬 · 이연화

불교의 선이 있었는데 선가에서 전라하게 파헤친 라즈니쉬의 전등록 인간의 진리를 깨우쳐 준다. 예로부터 동양에는 나를 아는 것, 즉 해오는 일화를 통해 인간 심리를 적나 강의는 자연을 알게 되고 나를 알고

마음은 그대에게 약속을 해주고 또 해준다. 하지만 어떤 약속도 이뤄지지 않는다. 하지만 그대는 결코 마음에게 '이제 그만 나를 속여라'라고 말하지 않는다. 사실 그대는 그렇게 말하는 것을 두려워하고 있다.

'물도 없고 달도 없다' 중에서

┌─────────┐
판 권
본 사
소 유
└─────────┘

디오니소스의 송가

1993년 1월 10일 초판인쇄
1993년 1월 15일 초판발행
1996년 7월 30일 재판발행
지은이 / 니체
엮은이 / 정광식
펴낸이 / 김영길
펴낸곳 / 도서출판 선영사
본사 / 부산시 중구 중앙동 4가 37-11
전화 / (051)469-8857, 465-9616
서울사무소 / 서울시 마포구 성산동 251-31
전화 / (02)338-8231,
(02)338-8232
팩시밀리 / (02)338-8233
등록 / 1983년 6월29일 제 카1-51호

© Korea Sun-Young Publishing Co., 1993
잘못된 책은 바꾸어 드립니다.

ISBN 89-7558-825-4   03850

디오니소스의 송가

1993년 1월 10일 초판인쇄
1993년 1월 15일 초판발행
1996년 7월 30일 재판발행
지은이 / 니체
엮은이 / 정광식
펴낸이 / 김영길
펴낸곳 / 도서출판 선영사
본사 / 부산시 중구 중앙동 4가 37-11
전화 / (051)469-8857, 465-9616
서울사무소 / 서울시 마포구 성산동 251-31
전화 / (02)338-8231,
(02)338-8232
팩시밀리 / (02)338-8233
등록 / 1983년 6월29일 제 카1-51호

ISBN 89-7558-825-4   03850

© Korea Sun-Young Publishing Co., 1993
잘못된 책은 바꾸어 드립니다.

도서영사
Sun Young Publishing Co.

도선영사
Sun Young Publishing Co.